M. FÉTIS

MIS A LA PORTÉE DE TOUT LE MONDE;

PAR F.-C. BUSSET.

I.^RE PARTIE.

TRIBUNAL DE POLICE CORRECTIONNELLE.

Ne insultes parvulis!

PRIX : 1 FR.

PARIS,

CHEZ BACHELIER, QUAI DES GRANDS-AUGUSTINS, 59;

ET CHEZ TOUS LES LIBRAIRES ET MARCHANDS DE MUSIQUE.

*

1838.

Les personnes qui s'intéressent à la liberté de la presse en France, et particulièrement aux progrès de l'art musical, ne peuvent rester indifférentes au procès que je viens de soutenir au Tribunal de police correctionnelle de la Seine contre M. *Maurice* Schlesinger, propriétaire-gérant de la *Gazette musicale*. Le Tribunal, enchaîné par les termes précis de la loi, ayant refusé à ma réclamation la publicité des colonnes de la *Gazette*, il m'a paru nécessaire de l'imprimer à part (d'autant plus que ma querelle avec MM. *Fétis* et *Schlesinger*, qui a une haute importance artistique, date déjà de 18 mois), et d'y joindre le récit de quelques particularités dont la connaissance ne sera pas inutile à ceux qui peuvent se trouver vis-à-vis de ces Messieurs dans la même position que moi. Au surplus je suis déjà trop récompensé de ce que j'ai fait.

Le ministère public a demandé contre moi, j'en conviens, l'application de la loi pour le paiement de quelques frais d'huissier : mais qui n'eût été, ainsi que moi, heureux de les payer en entendant les paroles qui ont précédé ses conclusions !

Et lorsqu'à l'hommage rendu à mes intentions dans le temple de la justice même, par le magistrat qui veille à l'exécution des lois, est venu se joindre le suffrage de plusieurs journaux en possession de l'estime publique, tels que *la Gazette des tribunaux, le Droit, la France musicale* et *l'Iris*, dont la sympathie pour ma cause est évidente par la manière dont ils ont rendu compte des débats;

Lorsque je puis dire avec orgueil que j'ai trouvé à l'occasion de ce procès un nouvel ami dans ce jeune et spirituel avocat au talent duquel M. Schlesinger n'a pu s'empêcher de rendre justice, ne suis-je pas en droit de dire à celui-ci : Venez, si vous l'osez, mettre avec moi dans la balance ce que chacun de nous a gagné dans ce procès ?

Voici de quelle manière rend compte des débats de la police correctionnelle la *France musicale*, journal qui, dès son début, a su se placer au premier rang, et dont les succès pourront bien troubler quelquefois le sommeil de *Thémistocle-Schlesinger* (1) :

....

» M. du Fougerais, avocat de la partie civile, a fait ressortir avec autant de dignité que d'esprit combien il était inconvenant que M. Fétis, après avoir été en butte aux attaques *les plus cruelles* de la part de ce *recueil musical* (année 1835, p. 155)

(1) Voir page 22, cinquième ligne.

et de son gérant, M. Schlesinger, usurpât, en raison de nouveaux arrangemens entre eux, dans ce même journal, une position telle que toute liberté de discussion y fût interdite. M. du Fougerais a rappelé avec quelle monomanie d'infaillibilité M. Fétis a osé faire, dans le même journal, la critique d'un livre qui n'avait pas encore paru, et dont M. Busset est l'auteur; il a fait voir que M. Fétis a été fidèle à son système d'oppression, en empêchant M. Busset de répondre à ses critiques, tandis qu'il a eu toute liberté de se défendre contre son adversaire : ce qu'il a fait dans une longue réponse, et sur la communication officieuse de la lettre de M. Busset, envoyée à Bruxelles par M. Schlesinger à M. Fétis. Par cela seul que M. Fétis avait répondu à M. Busset, et déclaré, du reste, qu'il acceptait avec lui une discussion; par cela seul, disons-nous, M. Schlesinger n'était pas en droit de la fermer au préjudice de M. Busset.

» M. du Fougerais a donc conclu à ce que M. Schlesinger fût tenu à l'insertion de la lettre.

. . . .

» Après cette plaidoierie, qui, sans s'écarter des convenances, a révélé de curieux et piquans détails sur la conduite et les prétentions dictatoriales de l'ancien bibliothécaire du Conservatoire, M. l'avocat du roi a pris la parole, et a reconnu formellement que *la démarche* de M. Busset n'avait rien que de très-honorable; mais, a-t-il ajouté, comme dans la cause il ne saurait être question de personnalités ni de diffamation, et que le point de vue de polémique scientifique n'était pas du ressort du tribunal, il concluait à ce que M. Busset fût débouté de sa demande. Le tribunal a adopté les conclusions du ministère public. »

. . . .

M. FÉTIS

MIS A LA PORTÉE DE TOUT LE MONDE.

I.re PARTIE.

TRIBUNAL DE POLICE CORRECTIONNELLE.

M. Schlesinger, propriétaire-gérant de la *Revue* et *Gazette musicale*, vient pour la seconde fois de me fermer les colonnes de son journal pour une défense légitime.

J'ai cru devoir protester autant qu'il était en moi contre une injustice aussi flagrante et un abus de pouvoir aussi révoltant; mais en soumettant au tribunal de police correctionnelle de la Seine la question qui s'était élevée entre *le propriétaire* de la *Gazette musicale* et moi, j'avais déjà pensé que le gain de mon procès était ailleurs que dans l'arrêt à intervenir.

Dans les pays où les jugemens ne sont point établis sur la seule conviction des juges, mais sur les termes explicites et formels de la loi, certains industriels ne marchent que le code à la main, afin de se tenir constamment hors des atteintes de la justice. Un verdict d'acquittement n'est donc pas toujours un brevet d'innocence; et pour qui connaît mes deux adversaires, on dirait qu'ils sont honteux de leur victoire, et la considèrent comme une défaite. N'est-il pas étrange en effet que M. Fétis garde le silence sur tout ce qui s'est passé, lorsque ma lettre, refusée par M. Schlesinger, mais publiée dans la *France musicale*, et dans l'*Iris*, nouvelle gazette musicale, le laisse sous *une accusation formelle de fausse citation*, et lui soumettait diverses questions qu'il ne pouvait se dispenser de résoudre, puisqu'il avait accepté la discussion avec moi?

M. Schlesinger, en annonçant son triomphe dans la *Gazette* du 25 de ce mois, a beau nous parler de l'*habileté* de son collaborateur (M. Fétis); il a beau dire que *ma lettre aurait sans doute paru sans utilité pour tous les lecteurs, et que c'est pour cela qu'il en a refusé l'insertion:* tous ceux qui ont lu cette lettre ne seront dupes ni du langage de M. Schlesinger, ni du silence de son *habile* collaborateur: car ce silence et ce langage sont la preuve la plus évidente que l'instance dans laquelle j'ai succombé a déjà porté ses fruits, et qu'un sort meilleur lui est réservé au tribunal devant lequel j'en appelle aujourd'hui.

Oui, le silence de M. Fétis depuis ce procès, nous révèle sa pensée mieux qu'un article de lui, où il est souvent impossible de la démêler. Il devient constant qu'il ne croit plus devoir, quoiqu'il le puisse *de par le roi*, continuer à jeter l'insulte à qui bon lui semble; et je pense pouvoir assurer qu'il ne renouvellera à l'avenir, pour qui que ce soit, ce qu'il a cru pouvoir se permettre à mon sujet.

Si cette affaire m'eût été purement personnelle, assurément je me serais tu : le moment n'était point encore venu de rectifier l'opinion sur la valeur réelle de M. Fétis, soit comme auteur, soit comme critique. Ce n'est pas non plus l'unique besoin d'occuper le public d'une controverse musicale, qui m'a mis la plume à la main, puisque je suis à la veille de publier sur l'harmonie un ouvrage dont l'impression réclame tous mes soins; mais il s'agissait de la question la plus importante de notre droit public, de celle d'où dépendent à la fois le repos, la fortune, et jusqu'à l'honneur des citoyens; c'était une question de *presse*, en un mot, et j'ai regardé comme un devoir de soutenir la lutte : car l'opinion publique fait toujours justice des délits que la loi ne peut atteindre, et il suffit de les signaler pour les flétrir.

Un plaideur a, dit-on, trois jours pour maudire ses juges : je bénis les miens depuis qu'ils m'ont débouté de ma demande. En effet, comme il n'appartient qu'à M. Fétis de frapper un ennemi par terre ou sans défense, en gagnant mon procès j'étais réduit au silence; et M. Fétis (car il est inséparable de M. Schlesinger dans ce procès), M. Fétis, ai-je dit, en voyant sa condamnation oubliée dans les colonnes de *sa Gazette*, aurait recommencé, huit jours après, ses déclamations hautaines contre tous ceux *qui s'occupent de la science musicale, et qui malheureusement en écrivent* (1).

Il ne sera donc point inutile que d'autres lecteurs que ceux de cette *Gazette*, sachent comment MM. Fétis et Schlesinger entendent le droit de critique et de discussion.

Il est maintenant passé en force de chose jugée que l'éditeur de la *Gazette musicale* peut imprimer tout ce qu'il plaît à M. Fétis d'écrire, et qu'il a aussi le droit de refuser tous les articles en réponse à ceux de *son ami*, quelque absurdes que puissent être ses critiques, et lors même qu'il se ferait sciemment l'apôtre du mensonge.

(1) *Gazette musicale* du 28 août 1836, première colonne, ligne 4.

Or, M. Fétis-*le-Belge* ayant, *de Bruxelles* (*où il fleurit sous l'œil* du roi Léopold) [1], et de par le roi des Français, le droit de critiquer mes livres *avant de les connaître*, je puis revendiquer le même droit de critique pour ses livres publiés, qui font mes délices, et dire ce que je pense de ses ouvrages nombreux, très-nombreux, excessivement nombreux en *erreurs*, en *bévues*, en *contradictions* et en *naïvetés* délicieuses, que je nommerais autrement si j'étais Fétis et qu'il fût Busset, ce que Dieu a bien fait de ne pas permettre : je l'en remercie donc du fond du cœur pour plusieurs raisons, dont la moindre est que je n'ai point le front assez large ni la colonne vertébrale assez solide pour porter toutes les couronnes tressées des mains de Fétis pour la tête de Fétis, et qu'il y dépose aussi, *lui-même*, toujours avec une *modestie* charmante.

M. Fétis me force donc à devenir son commentateur presque malgré moi, ou du moins dans un moment où je suis fort occupé, ce qui me contrarie : car je n'aime pas à faire les choses à demi. Toutefois j'aurai le temps de prouver que ce qu'il veut qu'on prenne chez lui pour du *génie*, est simplement de *l'industrie*. Et pour cela il me suffira de mettre en ordre une suite de tableaux de genre dessinés par M. Fétis lui-même, lesquels formeront une galerie aussi curieuse qu'instructive.

Cependant, comme la petite pièce ne peut venir qu'après la grande, et comme je dois surtout au public la preuve que la tâche que je m'impose est une œuvre de conscience et de vérité dont l'intérêt personnel d'auteur n'est pas la seule cause, quoiqu'il en ait été l'occasion, je donnerai préalablement l'historique de mon procès

(1) Voir la *Gazette musicale* du 3 mai 1835, page 156, lignes 16 et 17.

et de mes relations avec le gérant de la *Gazette musicale*, qui n'a été en tout ceci que le prête-nom, le protecteur *intéressé* de M. Fétis.

Ce *grand artiste*, qui, le 7 janvier dernier, ignorait sans doute que la cloche donnât la résonnance mineure, envoya à la Gazette musicale un article où il prétendait que *diverses expériences de physique AVAIENT FAIT VOIR que la résonnance majeure était dans la cloche.*

Cette erreur, car c'en est une, et des plus grossières, surtout pour un homme qui, ayant conduit des orchestres, devrait avoir l'oreille exercée et ne pas s'obstiner à nier un fait incontestable, quand on le lui a signalé, cette erreur, dis-je, me détermina à envoyer au directeur de la *Gazette musicale* la lettre suivante :

« Monsieur le Directeur,

» On lit dans le numéro du 7 janvier de la *Gazette musicale*, page 5 :

« Plus tard une expérience, ou plutôt diverses expériences
» de physique, ayant fait voir qu'une grosse et longue corde,
» mise en vibration de certaine manière, une bonne cloche ou
» d'autres corps sonores graves, font entendre, outre le son
» principal, plusieurs autres sons plus faibles qui, combinés
» entre eux, produisent une harmonie parfaite de tierce ma-
» jeure, quinte et octave, etc. »

» Cette phrase de M. Fétis est une preuve flagrante du danger d'admettre sans examen les opinions reçues : car c'est ainsi que les fausses doctrines se propagent en traversant les siècles.

» Toutefois, comme il ne peut y avoir pour l'erreur de prescription acquise, si ancienne et accréditée qu'elle soit, c'est un devoir de la combattre ; et ce devoir est d'autant plus impérieux, que ses conséquences sont plus funestes et ses apôtres plus puissans.

» La cloche ne donne point *la tierce majeure* comme le

prétend le critique, mais bien *la tierce mineure*, ainsi que je l'ai dit page 105, article 162 de *la Musique simplifiée.*

» Dans un ouvrage que je publierai très-prochainement, je parle d'une manière encore plus explicite de l'origine du mode mineur ; et voici une note qui se trouve dans le chapitre où ce sujet est traité :

« Jusqu'ici on avait prétendu que la cloche donnait l'accord » majeur; je suis le premier qui ait signalé cette erreur con- » signée dans l'Encyclopédie et répétée par tous les auteurs; » j'ai fait reconnaître ce fait à un très-grand nombre d'artistes.

» Lorsque je lui fis part de cette découverte, M. Berlioz, » sans me laisser achever la lecture du passage où j'ai traité » ce sujet, me dit qu'il avait été frappé d'étonnement en re- » connaissant l'accord mineur dans la résonnance de la » cloche du dôme de Florence. M. Castil-Blaze m'a assuré » qu'il avait fait de son côté la même remarque; ni l'un ni » l'autre n'avait constaté le fait.

» Ainsi donc ce que j'ai dit (*Mélodie*, 162) est à l'abri de » toute contradiction; chacun, d'ailleurs, peut à tout instant » le vérifier. »

» Veuillez agréer, etc.

» *Signé* BUSSET. »

Si j'avais pris la forme ordinaire de langage du célèbre critique (1), et certes j'en aurais eu le droit si ce droit eût pu m'être acquis pour savoir ce dont il ne se doutait pas, j'aurais dit, comme il l'a fait à mon sujet : *M. Fétis ignore.... M. Fétis ne pourrait comprendre.... voilà ce que ne savait pas M. Fétis....* Mais assurément il est impossible de se renfermer dans des termes plus parlementaires en établissant un fait nouveau qui intéresse la science musicale; et ma lettre contient même un éloge pour M. Fétis, puisque je le qualifie d'apôtre puissant.

Voilà cependant que je suis taxé d'ignorance pour avoir appris à M. Fétis une chose vraie (puisqu'il en

(1) M. Fétis vise à toutes les célébrités, et il les obtiendra : la loi du cumul est impuissante contre lui.

convient), et *qu'il ignorait* (ce dont il ne convient pas, quoique ce soit vrai) : c'est manquer à la fois à la logique et à la reconnaissance ; mais M. Fétis, chacun le sait, ne s'est jamais piqué de logique ni de gratitude.

Quoi qu'il en soit, il nous apprend lui-même que ma lettre, à laquelle il pouvait y avoir une réponse à faire, lui a été envoyée à Bruxelles ; mais évidemment elle n'a fait ce long voyage que pour obtenir l'imposition des mains du grand inquisiteur de l'harmonie, lequel, en donnant le *vu bon à imprimer*, a bien voulu descendre jusqu'à moi, et *accepter la discussion*. Or, puisque *cette discussion est acceptée*, il est inconcevable que M. Schlesinger la ferme, lorsque M. Fétis a parlé tout seul.

Signaler un fait inconnu n'est point ouvrir une discussion, quoique cela puisse y conduire, lorsqu'on a pour adversaire un homme qui, comme M. Fétis, a la prétention *de tout savoir, d'avoir tout fait, d'avoir rendu tout parfait*. C'est donc lui, bien évidemment, qui a entamé celle-ci ; et il me semblait qu'elle ne pouvait être fermée avant que j'eusse mis le public et les hommes spéciaux à même de se prononcer sur le fait que j'ai signalé le premier, quoique d'autres l'eussent observé de leur côté, et peut-être avant moi.

M. Schlesinger pouvait refuser ma première lettre, puisque je ne suis point un des rédacteurs *de sa Gazette ;* mais puisqu'il a admis cette lettre, et puisque M. Fétis avait accepté en termes formels la discussion avec moi, le gérant du journal n'avait plus, ce me semble, le droit de refuser ma réponse, et de me laisser sous le poids d'une accusation d'ignorance, par cela seul que ma lettre contenait certaines expressions qui, bien que fort modérées, pouvaient causer quelques petits chagrins d'amour-propre à M. Fétis, son ami.

Pour être propriétaire d'un journal, je croyais

qu'on n'avait pas le droit de dicter à tel ou tel auteur les termes dans lesquels il devait discuter ou se défendre pour prouver qu'il n'est point un ignorant.

J'ai eu avec M. Schlesinger, sur ce sujet, une assez longue discussion. C'est vainement que j'ai fait un appel à sa conscience, à ses devoirs de propriétaire d'un journal; c'est en vain que je lui ai fait observer que ce journal n'était plus une arène ouverte à tous les écrivains consciencieux qui consacraient leurs veilles à la science musicale, mais que c'était simplement un *tir* tenu par lui pour les menus plaisirs de M. Fétis, puisqu'en s'exerçant à y frapper qui bon lui semble, il était sûr de trouver à se cacher derrière la plaque que M. Schlesinger soutient complaisamment pour le soustraire aux coups de ses adversaires.

Le propriétaire de la *Gazette* a été sourd non-seulement à mes observations, mais encore à celles de deux des principaux rédacteurs de cette feuille, témoins de notre discussion. Je les avais pris pour arbitres souverains du différent, me soumettant d'avance à la suppression de tout ce qu'ils trouveraient d'inconvenant dans mon article; mais à la lecture que je leur en ai faite, ils se sont prononcés de la manière la plus positive sur sa parfaite convenance tant dans le fond que dans la forme.

Au surplus voici cette lettre :

« Monsieur le Directeur,

» *J'avoue qu'en considérant tout ce qu'il y aurait à dire à M. Fétis sur sa lettre*, A QUOI (sic) je dois une réponse, j'ai été, comme lui, *effrayé de la longueur probable de celle-ci ;* longueur nécessaire toutefois *pour lui faire comprendre* que ce qu'il prend pour un fait isolé tient à un principe fondamental.

» Cependant, puisqu'il veut bien accepter la discussion avec moi, vous me permettrez d'entrer dans tous les développemens qu'elle comporte. Je serai bref autant que possible.

» L'argument le plus ordinaire de M. Fétis, lorsqu'on n'est pas son admirateur quand même, pourrait se traduire par ces mots ou leurs analogues : Arrière ! vous êtes *un ignorant! arrière donc : car il n'appartient qu'à moi de parler de la science musicale.*

» Si cette forme de discussion est commode, elle n'est pas toujours logique, et quelquefois elle peut être imprudente. D'ailleurs tous les lecteurs de M. Fétis sont trop habitués à son style et à la manière dont il se tire d'une difficulté, pour s'être laissé tromper par la logomachie au moyen de laquelle il croit sortir de la position où il s'est placé.

» M. Fétis nous dit aujourd'hui : « Dans mes articles sur l'état » de l'esthétique musicale, je ne suis qu'historien des théories » basées sur *des faits plus ou moins réels*, *sur des hypothèses* » *plus ou moins certaines, sur des opinions bonnes ou mau-* » *vaises.* J'ai dû me borner à faire connaître le point de dé- » part de ces théories, à résumer chaque système, et à en » faire connaître le résultat, sans formuler mes idées ni mes » opinions particulières, qui appartiennent à un autre genre » de travail. »

» Ce langage de M. Fétis rappelle celui que le bonhomme prête à la chauve-souris :

> Je suis oiseau, voyez mes ailes.
>
> . . . .
>
> Je suis souris : vivent les rats !
> Jupiter confonde les chats !

Mais est-ce bien M. Fétis qui abdique ainsi son rôle de théoricien, rôle si beau, et auquel il attache tant de prix ! Mais j'irai plus loin : il n'a pu renoncer à ce titre, et il ne l'a pas fait, quoiqu'il le prétende aujourd'hui pour sortir d'embarras.

» En effet, Monsieur, la mission de l'historien ne consiste pas à rapporter *des faits plus ou moins réels*, *des hypothèses plus ou moins certaines*, *des opinions bonnes ou mauvaises :* car il n'est plus qu'un compilateur sans discernement, lorsqu'il entasse pêle-mêle le mensonge et la vérité.

» Or, j'en appelle à tous vos lecteurs, y a-t-il rien de plus explicite que cette phrase de M. Fétis qui a motivé mon observation ?

« Plus tard une expérience, ou plutôt diverses expériences » de physique *ayant fait voir* qu'une grosse et longue corde

» mise en vibration de certaine manière, une bonne cloche ou » d'autres corps sonores graves, font entendre, outre le son principal, plusieurs autres sons plus faibles qui, combinés entre » eux, produisent une harmonie parfaite de tierce majeure, » quinte et octave, etc. »

» Il est impossible, à coup sûr, de paraître, plus que M. Fétis, profondément convaincu de la vérité de ce qu'il dit.

» *Diverses expériences de physique* AYANT FAIT VOIR, cette manière de présenter les faits ne permet pas même le doute. Ce n'est donc pas moi qui prête aux paroles de M. Fétis un sens absolu qu'elles ont bien réellement, et c'est à tort qu'il m'adresse un semblable reproche : *car toutes ses paroles sont absolues.*

» Voilà cependant que, sur mon observation, il déclare que les faits qu'il cite sont *plus ou moins réels ;* que ce sont des *hypothèses plus ou moins certaines, des opinions bonnes ou mauvaises!*...... Quel singulier langage pour un homme qui prétend à l'omnipotence dans la science musicale!......

» Mais si M. Fétis *a des idées et des opinions particulières* sur la résonnance, il me semble que c'était le cas de les indiquer au moins par quelques lignes, pour prémunir le lecteur contre *les faits faux, les hypothèses hasardées et les opinions mauvaises,* qu'il devait nécessairement apprécier dans son rôle d'historien. Une note telle que celle-ci, par exemple : *Les bonnes cloches donnent le mode majeur; les mauvaises cloches* (non fêlées cependant) donnent le mode mineur, et même d'autres intervalles; cette note ou une semblable devait trouver place dans l'article de M. Fétis, puisqu'il y avait précisement devoir pour lui de dire qu'on n'avait pas *pu voir* ce qu'il prétend que les expériences ont *fait voir.* Et la phrase qui a motivé mon observation, ne pouvait pas même faire supposer que M. Fétis eût reconnu le mode mineur dans ce qu'il nomme *les cloches moins bonnes.*

Lorsque cette phrase tomba sous mes yeux pour la première fois, je venais de lire l'histoire des travaux presque fabuleux de M. Fétis. Et en voyant l'immense auréole que, comme historien véridique, il avait été forcé de placer sur son front (en nous apprenant dans une note qu'il se soumet de bonne grace à une conséquence qui a dépassé toutes ses prévisions), je fus frappé de la puissance que devaient donner à sa parole tant et de si belles choses faites dans le seul intérêt de l'art. Dès-lors je regardai comme un devoir de combattre l'erreur d'un apôtre aussi dangereux, et je dois m'applaudir du résultat que j'ai obtenu, puisque j'ai amené M. Fétis à sanctionner au moins en partie, et j'en prends acte, une observation qui doit servir à l'explication de plusieurs faits musicaux importans. Voilà donc l'origine du mode mineur (si vainement cherchée, et sur laquelle tant de pages inutiles ont été écrites), reconnue par M. Fétis lui-même. Il est vrai que ce ne sont que les mauvaises cloches qui, selon lui, donnent cette harmonie; mais sur quel fondement établit-il cette distinction?

» Pourquoi les cloches qui donnent la consonnance majeure, sont-elles les seules bonnes? Pourquoi celles qui donnent la consonnance mineure, sont-elles moins bonnes? bonnes à quoi?

» Je crains fort que ce ne soit pour le besoin de sa cause que M. Fétis ait établi cette distinction: car il me semble que l'harmonie mineure est en certains cas, et surtout pour porter au sentiment religieux, meilleure que l'harmonie majeure. Je le prie donc de vouloir bien éclaircir mon ignorance sur ce point.

» Si l'on en croit M. Fétis, Hahn a donné dans son *Traité de la campanologie* « la courbe que doit avoir la surface d'une » cloche, *pour que le corps sonore soit d'une bonne harmo-* » *nie*, c'est-à-dire *pour qu'il fasse entendre l'octave du son* » *principal, la tierce majeure et la quinte.* »

» Je connais si bien M. Fétis, que ce *c'est-à-dire* m'a paru ne point appartenir à l'auteur de la *Campanologie*, mais bien à mon contradicteur, qui, pour se tirer d'embarras, a voulu se couvrir du manteau d'Hahn. Le fait a confirmé ce soupçon; et c'est en vain que j'ai cherché, à la page 115, indiquée par M. Fétis, les paroles qu'il prête à l'auteur allemand. Cette page et la suivante contiennent simplement un tableau du poids et de la dimension que doivent avoir les cloches pour donner tel ou tel son; mais il n'y est nullement parlé des *bonnes cloches* et des *cloches moins bonnes;* il n'y est pas dit non plus que la tierce majeure soit nécessaire pour constituer une bonne harmonie; bien plus, cela paraît n'être dans aucune des autres pages de l'ouvrage.

» Ainsi donc la distinction entre la *bonne harmonie* du mode majeur et la *mauvaise harmonie* du mode mineur, appartient exclusivement à M. Fétis, et je lui réitère la prière de s'expliquer sur ce point.

» Semblable au matelot qui lors de la tempête implore le Dieu dont il blasphémait le nom pendant le calme, M. Fétis appelle à son aide Chladni et M. Savart. Pour lui, citer quelques noms puissans est un signal de détresse, c'est son canon d'alarme; mais comment ose-t-il invoquer le nom des savans et des géomètres, après avoir écrit ces lignes:

« C'est une erreur trop long-temps prolongée, que celle qui » fait dépendre du calcul la théorie de la musique. Les divers » élémens de cet art, et cette science même, se rattachent bien » plus entre eux par des considérations morales et métaphy- » siques, que par les mathématiques; c'est ce qui les rend dif- » ficiles à démontrer et à entendre. Les travaux des géomètres » sur les rapports des sons n'intéressent donc pas directe- » ment les musiciens. Aussi n'est-ce pas sur ces matières que » je désire qu'on écrive désormais? » J'ai le mérite de citer toujours très-exactement. Ce passage est tiré des *Curiosités historiques de la musique,* page 151.

» Assurément il est impossible d'exprimer son incrédulité en termes plus formels, et je crois pouvoir espérer que M. Fétis ne m'accusera point ici de prêter à ses paroles un sens absolu que lui-même leur a si bien donné. Mais il y aurait de ma part plus que de la niaiserie à lui prouver que je ne suis pas aussi étranger qu'il l'assure aux expériences d'acoustique et aux rapports numériques des sons; car il me dirait sûrement alors : *C'est une erreur trop long-temps prolongée, que celle qui fait dépendre du calcul la théorie de la musique, etc.*

» Pour me résumer, monsieur le directeur, je vous dirai que toutes les cloches dont j'ai étudié attentivement les harmoniques, m'ont fait entendre la consonnance mineure, j'entends une consonnance juste et non altérée; ce qui, à mes yeux, doit empêcher de dire que ces cloches sont *moins bonnes* que si elles donnaient la *résonnance majeure.*

» J'ajouterai que la même observation a été faite par une foule d'artistes, tant par ceux dont j'ai été dans le cas d'éveiller l'attention sur ce point, que par d'autres qui avaient découvert isolément le même fait.

» Il faudrait donc conclure que les cloches de Sainte-Gudule, de Bruxelles et de Notre-Dame d'Anvers, qui, d'après M. Fétis, donnent la résonnance majeure, sont des exceptions rares. On ne peut pas nier un fait; mais je suis homme à aller m'en assurer.

» La consonnance mineure est donc dans la nature de certains corps sonores. Je dis certains, parce que ces corps ne se bornent point à la cloche.

» *Voilà le principe fondamental que ne connaissait pas M. Fétis.*

» Veuillez agréer, etc. »

Il me semble que lorsque cette lettre n'aurait eu d'autre résultat que de prouver mon ignorance formulée par M. Fétis en plusieurs passages de la sienne; il me semble, dis-je, que cette lettre avait un intérêt plus spécial pour la science musicale qu'un très-grand nombre d'articles admis par M. Schlesinger, lesquels, quoique fort estimables d'ailleurs, parlent de tout, excepté de musique.

Mais M. Schlesinger n'est point artiste : c'est simplement un industriel, et il croit qu'il suffit que *sa Gazette* contienne quelques pages d'annonces des ouvrages qu'il édite, pour que ce soit un journal de musique.

Il est donc resté sourd, je le répète, aux avis de deux de ses collaborateurs, désintéressés dans la question, et dont l'un ne m'avait été jusque-là connu que de nom. Aussi, puisant dans cette circonstance même une conviction plus profonde d'un droit que M. Schlesinger croyait pouvoir impunément fouler aux pieds, je me suis retiré en lui déclarant que j'emploierais contre lui et M. Fétis, dont il s'était fait le *compère*, tous les moyens légaux propres à faire cesser ce monopole d'insulte, ce dévergondage d'impertinences.

Dix jours se sont passés entre la sommation faite par huissier et la citation en police correctionnelle. Or, puisque le gérant de la *Gazette* avait envoyé ma première lettre à Bruxelles, on peut croire que la seconde a fait également ce voyage; mais elle a été arrêtée probablement à *la douane* de la frontière, ou M. Fétis n'a pas jugé à propos d'autoriser M. Schlesinger à la publier comme la précédente.

Le Rodomont de l'Arioste avait au moins du courage : il combattait sur un pont sans garde-fou, au risque de rouler dans le torrent avec ceux qu'il y précipitait. M. Fétis est beaucoup plus prudent : il fait sentinelle dans un fort dont M. Schlesinger s'est fait complaisamment le portier; et c'est par un *Judas* que ce véritable *croque-mitaine* ordonne de fermer la porte ou demande le cordon, selon qu'il voit venir des gens redoutables, ou de pauvres diables *qu'il ne connaît pas* (1).

Mais quels sont donc les graves motifs sur lesquels M. Schlesinger a basé son refus? Ce n'était point que ma lettre lui parût alors *sans utilité pour ses lecteurs*, sans importance pour l'art musical : il alléguait seulement *qu'elle aurait pour résultat de jeter du ridicule* sur M. Fétis.

Cette tendre sollicitude pour le grand Aristarque est vraiment bien étrange! On lit en effet dans la *Gazette musicale* (de M. Schlesinger), du 3 mai 1835, et à la page 155, les lignes suivantes, empruntées à la *Revue de Paris :*

« Le second *concert historique* de M. Fétis, annoncé avec tant de bruit, n'a pas eu lieu, comme on s'y attendait. M. Fétis, qui avait fait savoir, à son de caisse, au public parisien, qu'il avait rapporté de Belgique *une grande quantité d'instrumens du seizième siècle*, les a prudemment laissés à la frontière. En dépit des promesses de M. Fétis, on n'a vu à son premier

(1) Voir la *Gazette musicale* du 28 août 1836, n.o 35, p. 299, deuxième colonne, ligne 12.

concert ni la queue d'un rebec, ni le manche d'une viole d'amour. M. Fétis manquait même de basses du dix-neuvième siècle, et il y suppléait en frappant à grands coups de poing sur son piano. Il est vrai que les auditeurs avaient, pour se dédommager, les petits discours d'intermède de M. Fétis, en langage demi-belge et demi-flamand, et composés avec le goût et la grace que met M. Fétis dans ses feuilletons du *Temps*. Imaginez la joie d'un public assemblé pour entendre un feuilleton de M. Fétis, et de la bouche de M. Fétis encore !

» A propos de feuilletons, nous dévoilerons pour aujourd'hui un coin de l'industrie toute belge de M. Fétis. Ce grand compositeur s'élance de temps en temps de Bruxelles, où il fleurit sous l'œil du roi Léopold, pour s'abattre sur nos chanteurs, nos musiciens et nos directeurs de théâtres, qu'il vient sommer très-poliment de contribuer à ses concerts, les uns par leurs voix et leur talent, les autres par les sujets distingués que réclame M. Fétis pour exécuter les partitions qu'il déterre.... à la Bibliothèque royale, et qu'il oublie quelquefois de rendre. Malheur au chanteur et au musicien rebelles ! malheur au directeur récalcitrant ! M. Fétis tient sur sa tête la foudre toute prête à les frapper : témoin M. Véron et son opéra, à qui M. Fétis vient de faire expier, par un aigre feuilleton du *Temps*, le crime de n'avoir pas soutenu le concert historique de la voix de Nourrit et de mademoiselle Falcon. La *Revue musicale* de M. Fétis se joindra sans doute au *Temps* pour accabler M. Véron, qui n'a pas compris toute l'importance des concerts de M. Fétis.

» M. Fétis joue de malheur. L'an dernier encore, un programme qui promettait monts et merveilles, mentit comme un programme, et le public en murmura violemment : à quoi M. Fétis, s'avançant sur le bord de la scène, répondit en professeur, et invita les mécontens à aller reprendre leur argent au bureau du contrôle. L'invitation était hardie : car déjà quelques hommes noirs, gens de mauvaise compagnie, qui s'acharnent à suivre M. Fétis, surtout à l'heure des recettes des concerts historiques, s'étaient emparés de celle-ci. Le marquis de Chatellux rassembla un jour tous ses créanciers dans sa cour, et leur proposa de chanter avec lui un air d'*Armide*. Si M. Fétis faisait exécuter cette petite scène *historique* dans un de ses concerts, nous pensons qu'elle y ferait très-bien. Peut-être que ce jour-là les *exécutans* ne lui manqueraient pas.

» Nous supplions le roi Léopold, qui n'a encore rien fait pour nous, et à qui nous avons donné une femme, la citadelle d'Anvers, un million de dot qu'il touchera bientôt, et tant de bons ouvrages à contrefaire, de nous reprendre le plus tôt possible M. Fétis-le-Belge, et de le décorer de la croix de Léopold. C'est une récompense qu'on lui doit pour nous avoir dispensés d'entendre les discours nasillards dont nous menaçait son second concert historique. »

Si ce passage se trouvait dans un article dicté par l'indignation à un auteur traîné sur la claie par M. Fétis; si, menacé dans ses espérances d'avenir, ou se voyant arracher le pain de sa famille par des critiques injustes, passionnées et injurieuses, cet auteur avait cru ne pouvoir triompher d'un ennemi dangereux qu'en le démasquant, et qu'un jugement à la main, il fût venu contraindre l'éditeur-propriétaire de la *Gazette musicale* d'y insérer cet article, on pourrait penser que M. Schlesinger cédait malgré lui, en 1835, aux prescriptions de la loi, et que c'était à regret qu'il voyait son journal devenir pour M. Fétis, *son ami*, un instrument de flétrissure; mais c'est dans un autre journal que le gérant de la *Gazette* allait sans cause, et de son propre mouvement, puiser d'aussi étranges révélations, des sarcasmes aussi cruels.

J'ai dit sans cause, mais à tort : il y en avait une.

En 1835, M. Fétis, propriétaire de la *Revue musicale*, était en rivalité avec M. Schlesinger, propriétaire de la *Gazette musicale*; et celui-ci nous a donné mainte preuve que c'est sur ce motif seul qu'à tort ou à raison, il flétrissait alors son concurrent : car depuis la fusion de ces deux journaux, M. Fétis est devenu le *cher ami* de M. Schlesinger, tant l'intérêt a de puissance sur certains hommes!

Voici la preuve de ce que j'avance, et c'est un article de **M.** Schlesinger lui-même qui me la fournit : c'est un avis à ses abonnés, placé en tête du numéro qui parut le 1.er novembre 1835, c'est-à-dire quelques mois après la publication de l'extrait cité plus haut, emprunté à la *Revue de Paris.*

« La *Gazette musicale* vient d'ajouter à ses » succès le dernier et le plus grand de tous. » Après avoir, en moins de deux années, laissé » bien loin ses prétendus antagonistes; après » les avoir vus, les uns après les autres, tom- » ber et mourir, ou bien venir se mêler à sa » publicité et s'y confondre, la *Gazette musi-* » *cale* n'avait plus à craindre que le voisinage » d'un autre journal de musique, la *Revue musi-* » *cale.* Mais c'était ici une concurrence savante, » éclairée, pleine de verve et d'esprit, une con- » currence redoutable pour nous. On se souvient » qu'il y a neuf ans, M. Fétis, ce savant homme » d'esprit, ce critique d'un goût si éclairé, si » judicieux, avait fondé la *Revue musicale*, et » qu'aussitôt il fut entouré de remercîmens et » de l'approbation de tous les bons juges en » ces sortes de matières. Depuis neuf ans M. Fé- » tis a continué son œuvre commencée. Il ne » fut pas arrêté dans le sentier qu'il s'était » tracé : il a analysé tous les chefs-d'œuvre » des grands maîtres, toutes les œuvres nou- » velles; il a suivi dans leur carrière tous les

» illustres chanteurs; il a été *complet*, dé» voué à l'art et aux artistes. Aussi M. Fétis » et la *Revue musicale* étaient pour la *Gazette* » comme ces souvenirs de gloire qui empê» chaient le général grec de dormir.

» Nous avons donc lutté, tant que nous » avons pu, contre cette *Revue* redoutable; » et enfin, à force de zèle, à force de dévoue» ment, à force de collaborateurs d'esprit et » de style, la *Gazette musicale* était parve» nue à conquérir la haute position qu'elle » avait rêvée, quand tout à coup ce bonheur » inespéré lui est arrivé, de pouvoir réunir à » ses colonnes, à ses efforts, à ses rédacteurs, » les colonnes, les efforts et le principal ré» dacteur de la *Revue musicale*. Désormais il » n'y aura plus à Paris qu'un journal de mu» sique. La *Revue musicale* passe, avec armes » et bagages, enseignes déployées, et tous les » honneurs de la guerre, à la *Gazette musi» cale*. Bien plus, M. Fétis, qui ne veut pas » laisser son ouvrage incomplet, a promis dé» sormais de ne plus écrire que pour la *Ga» zette*. C'est en effet un de ces écrivains » qu'on est *heureux* et *fier* d'accaparer, et dont » un journal a bon droit d'être jaloux. En » même temps que la *Revue musicale* venait » ainsi compléter nos efforts et nos études, » le dernier petit journal qui survécût encore, » le *Pianiste*, notre ennemi inconnu pour

» ainsi dire, et dont la colère incognito était
» peu inquiétante, vient de rendre son dernier
» soupir, dernier et faible son d'une corde de
» laiton qui se brise en gémissant.

» Voici, au reste, une *lettre* de notre *cher*
» et *excellent* collaborateur M. Fétis, qui
» nous servira merveilleusement d'introduc-
» tion, etc. »

Dans cet article on voit que M. Schlesinger laisse couler à plein bord le bonheur dont il est enivré ; et depuis ce moment *M. Fétis-le-Belge, pour qui M. Schlesinger venait récemment de demander au roi Léopold une décoration comme récompense de la bonne action qu'il avait faite en nous dispensant d'entendre les discours nasillards dont nous menaçait son second concert historique,* M. Fétis-le-Belge est devenu l'*ami*, le *collaborateur par excellence* de M. Schlesinger. Il est bien vrai que, peu de temps auparavant, M. Fétis *faisait ses discours d'intermède en langage demi-belge et demi-flamand,* et qu'il rédigeait *ses feuilletons du* Temps *avec un goût et une grace fort équivoques;* mais en quelques mois M. Fétis était devenu UN SI SAVANT HOMME D'ESPRIT!..... un critique d'UN GOUT SI ÉCLAIRÉ, SI JUDICIEUX!..... enfin un de ces Ecrivains si COMPLETS, *qu'on est* HEUREUX *et* FIER *de les accaparer,* et qu'un *journal a bon droit* D'EN ÊTRE JALOUX!...... Aussi tous les souvenirs DE GLOIRE de M. Fétis *empêchaient-ils de dormir* LE GÉNÉRAL *de la Gazette!* Il ne put donc retrouver le sommeil que par LE BONHEUR INESPÉRÉ d'avoir vu passer dans son camp, *avec armes et bagages , enseignes déployées et* **TOUS LES HONNEURS DE LA GUERRE**, ce grand génie dont la puissance va jusqu'à remplacer les basses dans un concert, *par de grands coups de poing appliqués sur son piano!!!*

Il est impossible de pousser plus loin que M. Schlesinger l'amour *de l'ar...t*, et personne assurément ne voudra lui contester le titre de *gérant-modèle!...*

Depuis ce moment M. Fétis-le-Belge est devenu le collaborateur privilégié de la *Gazette musicale;* il continue tranquillement à y exploiter une mine dont le filon avait été pour lui si riche lorsqu'il était propriétaire de la *Revue*. Qu'un auteur consciencieux qui croit avoir quelques idées utiles, se garde bien de les publier : M. Fétis, qui connaît tout ce qu'ont d'important et de terrible certaines fonctions, s'est créé le *grand douanier* de la littérature musicale; il ne laisse rien passer sans l'avoir marqué *de son plomb*. Malheur à celui qui cherche à se glisser en contrebande et sans avoir acquitté le droit! Il va se trouver accablé de tout le poids du nom de M. Fétis, qui le taxera d'ignorance, et lui jettera le ridicule et l'insulte à la face avant même de savoir ce qu'il va dire. Car M. Fétis a une idée fixe : il croit qu'à lui seul appartient le droit de faire, et surtout *de vendre* des livres sur la musique. Pour lui, faire des livres, c'est *un métier, une industrie!*

Ainsi M. Schlesinger, qui en 1835 s'exposait à un procès en diffamation pour son article emprunté à la *Revue de Paris* (bien des gens ne comprendront pas la mansuétude de M. Fétis, et son oubli tout chrétien pour des injures comme celles que contenait la *Gazette* du 3 mai 1835, injures qui du moins ne devraient plus permettre l'intimité ni la communauté d'intérêts), M. Schlesinger a mieux aimé, en 1838, se laisser traduire en police correctionnelle que d'insérer un article modéré, convenable dans tous ses termes, intéressant l'art et la science musicale, lorsqu'il appelle toutes les trompettes de la renommée à répéter que *sa Gazette* n'a d'autre objet que l'intérêt de l'art et de la science!!!

Il est temps d'arrêter un pareil scandale; et c'est pour y contribuer autant qu'il est en moi, que j'avais entrepris une instance dont le résultat ne peut être douteux, quoique j'aie perdu mon procès.

Il est temps, je le répète, puisque les tribunaux se déclarent incompétens, que l'opinion publique fasse cesser ce monopole de nouvelle espèce en supprimant le brevet d'impunité que s'est octroyé M. Fétis. Enfin le moment est venu de lui apprendre, ainsi qu'à M. Schlesinger, que si la loi est assez libérale en France pour donner aux Allemands et aux Belges le droit d'y exploiter une industrie quelconque, il est un tribunal autre que celui de la police correctionnelle, qui fait justice de certains écarts lorsqu'ils lui ont été *soumis* et *démontrés*.

L'opinion publique est maintenant saisie; on peut quelquefois la tromper, mais jamais cependant lorsqu'une question a été débattue des deux parts avec une égale liberté, et que les pièces du procès ont été mises au grand jour. M. Fétis connaît si bien cette vérité, qu'il a voulu me réduire au silence; mais je n'en ai senti que plus vivement l'injustice révoltante, la cruelle déception dont la *raison sociale Schlesinger et Fétis* voulait me rendre victime. Enfin, puisque mon antagoniste a accepté la discussion avec moi, je me place sur le seul terrain que ces messieurs m'ont laissé, ne pouvant accepter une condamnation sans avoir été entendu: notre discussion ne se bornera donc pas au sujet qui l'a provoquée.

J'ai dit que ma querelle avec M. Fétis remontait à dix-huit mois, et que c'était pour la seconde fois que M. Schlesinger m'avait fermé les colonnes de *sa Gazette :* or, puisque M. Fétis a eu en 1836 le droit de critiquer mon ouvrage encore en manuscrit (qui heureusement n'a jamais été à sa disposition), je pense que la loi sur la liberté de la presse ne sera pas plus sévère pour moi que pour lui lorsque je m'exprimerai *librement*, mais surtout avec *conscience*, sur les ouvrages dont M. Fétis a inondé la France et l'étranger.

A défaut même de l'arrêt qui vient de me révéler mon droit, j'aurais invoqué l'autorité d'un homme qu'on doit qualifier de *grand*, puisqu'il est *infaillible* (selon lui du moins). Voici sa doctrine :

« Une difficulté s'est présentée cependant: il s'agis- » sait du parti que j'avais à prendre à l'égard des con- » temporains. Devais-je louer ou blâmer les produc- » tions d'artistes dont la sensibilité est rarement sa- » tisfaite de l'éloge, et s'irrite toujours de la critique? » Les biographes prennent en général pour devise » cette maxime de Voltaire : *On doit des égards aux* » *vivans ; on ne doit aux morts que la vérité.* Pour » moi, qui pense qu'*on doit la vérité à tout le monde* » quand on croit la savoir, j'ai dit ce que l'étude et » l'analyse m'ont enseigné sur chaque chose, sans » m'informer du temps où vivaient ceux qui les ont » produites. Tout artiste, tout écrivain qui manifeste » son existence par la publication de ses œuvres, *cesse* » *de s'appartenir :* il court les chances de la critique » comme celles de l'éloge. D'ailleurs il ne s'agit point » de sa personne, mais de ce qu'il a fait; ce qu'on exa- » mine, ce qu'on a toujours le droit de considérer, » c'est *l'influence bonne ou mauvaise* qu'il a exercée » sur l'art ou sur la science. Je sais qu'on objecte le » danger des passions contemporaines dans les juge-

» mens qui ne sont pas prononcés par la postérité ;
» mais j'ai déjà dit que ce danger ne peut exister que
» lorsqu'on n'a d'autres règles d'analyse qu'un senti-
» ment vague du beau, ou de certaines doctrines em-
» pyriques : *il disparaît devant les règles absolues de*
» *la philosophie de la musique.* »

Ces lignes sont de M. Fétis lui-même ; elles se trouvent dans la préface de la Biographie universelle des Musiciens, page XXXII. Or je crois pouvoir espérer que M. Fétis, *cet amant passionné de la vérité*, me permettra de la lui dire avec franchise. Cependant qu'il se rassure au moins sur un point : je sais que la vérité ne doit pas se montrer toute nue, et je la présenterai toujours de façon à ne point trop effaroucher sa *pudeur*. Ensuite ce sera une vérité plus vraie que celle des programmes de M. Fétis, qui, selon M. Schlesinger, *mentent comme des programmes.*

D'ailleurs j'aurais appris par les œuvres de M. Fétis, si je ne l'avais su, qu'il n'y a de solide et de durable que ce qui est basé sur cette vérité, qu'on ne torture jamais qu'à ses risques et périls, et dont tôt ou tard le flambeau vient éclairer les actions des grands comme des petits. M. Fétis est trop grand en tout pour s'y soustraire : ainsi qu'il le dit lui-même, *il ne s'appartient plus.* La postérité le réclame, sa place y est marquée désormais, et c'est vainement qu'il voudrait faire un pas en arrière pour se débarrasser de tout le poids de sa *célébrité.*

Je n'aurai donc ni l'injustice ni la mal-adresse de contester à M. Fétis tout ce qu'il a fait pour la science musicale : mon seul but *est d'examiner* (puisqu'*on a toujours ce droit*, ainsi qu'il le dit lui-même) *l'influence bonne ou mauvaise qu'il a exercée sur l'art et sur la science.* Cela me conduira nécessairement à montrer qu'on peut gâter la plus belle position d'artiste en quittant volontairement la route du savoir pour celle du *savoir-faire ;* en un mot, je prouverai que, sous le rapport artistique, M. Fétis s'est depuis long-temps suicidé.

Je dirai bientôt comment en l'an de grace 1836 j'étais si petit, que je n'avais point encore été aperçu par M. Fétis, lorsque j'eus l'imprudence de publier, dans la *Gazette* de M. Schlesinger, que j'avais en portefeuille un traité d'harmonie. On verra comme *quoi* je fus saisi rudement, le 27 août de ladite année, par ce M. Fétis, qui a un fort joli talent de prestidigitateur (talent d'amateur cependant ; car s'il escamote avec une dextérité merveilleuse le bon sens, la logique et la vérité, il est moins heureux dans ses autres gentillesses, et il manque quelquefois ses tours ; j'en suis la preuve, et cette preuve n'est pas la seule que j'en pourrais citer). Je fus donc saisi par lui, et je frémis encore au souvenir de ce qu'il allait faire de moi !.... Ce sentiment d'horreur me sauva : car, en me contractant, je tombai du bord de ses lèvres dans l'un des plis de son jabot, où il lui fut impossible de me retrouver (1).

Si j'avais douté de la providence, j'y aurais cru dès ce moment : elle se manifeste surtout en faisant servir les petits à l'humiliation des grands ; et non-seulement

(1) M. Fétis, comme chacun sait, *fait toujours jabot;* et, attendu qu'il ne pourrait pas trouver de collaborateurs pour une foule de *choses à son usage,* il a pris le parti de confectionner lui-même *ses couronnes, son jabot et sa biographie.* Qu'on lise plutôt l'article *Fétis* par Fétis, dans la biographie universelle des musiciens, sans oublier la note qui se trouve au bas de la page 103, tome IV.

Je reviendrai nécessairement sur cet intéressant article, qui renferme plus d'une leçon.

je la remercie de m'avoir sauvé miraculeusement, mais encore d'avoir voulu que mon malheur servît à mon instruction.

Forcé, jusqu'à ce que l'ogre se fût endormi, de rester dans ma retraite, où je tremblais comme la feuille, ainsi que *mon manuscrit*, qui se trouvait dans ma poche,

JE VIS le mécanisme ingénieux au moyen duquel le géant était parvenu à souffler seul dans toutes les trompettes de la Renommée, qui chantaient ses louanges et exaltaient sa gloire, et je fus frappé d'autant de surprise que d'admiration en reconnaissant qu'il avait assez de poumons pour assourdir tous les échos de la France et de l'étranger.

JE VIS que M. Fétis avait usurpé jusqu'au nom d'artiste : car le véritable artiste aime l'art pour lui-même, lui consacre ses veilles, sa fortune, sa santé, et se trouve heureux d'aider au mérite modeste à sortir de son obscurité ; tandis que M. Fétis *bouscule* tout, les choses et les personnes, les grands et les petits, et qu'il dit tour à tour *blanc, noir, bleu, rouge, vert*, etc., etc., sur la même question, ce que ne fait jamais un artiste qui mérite ce nom.

JE VIS que M. Fétis déchirait tous les livres faits sur la musique, pour donner de la valeur aux siens, et afin de les mieux vendre.

JE VIS que cette manie de déchirer, qui est son *califourchon*, ne s'arrêtait point aux livres, mais allait jusqu'à leurs auteurs.

JE VIS des critiques singulières sur Beethoven, et des *corrections* plus singulières encore *infligées* à ce grand, à cet immortel génie!

JE VIS. . . . . mais je ne puis dire en un jour tout ce que je vis. Toutefois je prends l'engagement, mais un *engagement d'honneur*, de montrer au public tout ce que j'ai vu, selon que les circonstances ou l'intérêt de la science m'y porteront.

Je jure, *sans haine* comme *sans crainte*, de dire *la vérité*, rien que *la vérité*, quoique je ne croie pas pouvoir dire *toute la vérité*.

Ainsi donc, sous quelque forme que je présente les faits, et quel que soit le voile plus ou moins transparent sous lequel je les offre au lecteur; soit que je donne à ma parole une gravité qui seule convient à certains sujets; soit que j'emploie un autre style, puisqu'il serait impossible au commentateur consciencieux de M. Fétis de parler toujours sérieusement, attendu qu'*il n'y a qu'un pas du sublime au ridicule*, jamais la passion ne sera mon guide, et je promets de donner toutes les explications désirables, soit sur les choses dont je parlerai, soit sur les expressions dont je me servirai. Je répondrai donc catégoriquement à toutes les interpellations qui pourront m'être faites, et je remplirai ce devoir avec un scrupule plus grand encore lorsque ces interpellations me viendront de M. Fétis lui-même.

Je ne terminerai pas sans rassurer mes amis sur l'inquiétude que leur cause la témérité d'une entreprise qu'ils qualifient d'insensée. Pour cela il me suffira de leur dire que ce M. Fétis, qu'on a pris jusqu'ici pour un lion, n'en a que la peau, et que je connais parfaitement le défaut de sa cuirasse.

BUSSET.

Nota. Je diviserai mes commentaires sur M. Fétis en plusieurs publications, qui paraîtront à quelque intervalle l'une de l'autre. Deux motifs me déterminent à ce parti.

D'abord, il est convenable de laisser à mon adversaire le temps de répondre : car, en le signalant à l'opinion publique, il faut qu'il puisse se justifier et se défendre en nous expliquant des passages que je n'attaquerai peut-être que pour ne pas les avoir compris.

Ensuite, je ne veux point trop fatiguer la patience de ceux qui, prenant quelque intérêt à ce débat, voudront bien me sacrifier quelques-uns de leurs momens perdus.

DIJON, IMPRIMERIE ET FONDERIE DE DOUILLIER.

BIBLIOTHEQUE ROYALE

www.ingramcontent.com/pod-product-compliance
Lightning Source LLC
LaVergne TN
LVHW010304230826
846091LV00007BB/2695

9782329386898